LAS WII AFIRMACIONES

Mary Chiba   Deborah Becerra

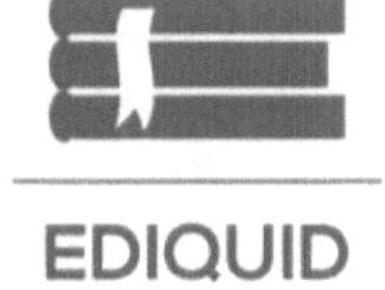

LAS WII AFIRMACIONES

Editado por: Corporación Ígneo, S.A.C.
para su sello editorial Ediquid
José Olaya 169, Ofic. 504, Miraflores. Lima, Perú
Primera edición, enero, 2025

ISBN: 978-612-5184-33-7

Hecho el Depósito Legal en la Biblioteca Nacional del Perú N° 2024-13903

www.grupoigneo.com
Correo electrónico: contacto@grupoigneo.com | Teléfono: +51 955 071 270
Facebook: Grupo Ígneo | X: @editorialigneo | Instagram: @grupoigneo

Las afirmaciones presentadas en este libro las hemos escrito con harto amor y cuidado. Creemos con todo nuestro corazón que estas herramientas de autocuidado contribuyen al desarrollo personal y bienestar emocional. Sin embargo, estas afirmaciones no pretenden reemplazar la atención médica, psicológica o profesional. De ser el caso, se recomienda, en favor del bienestar y el autocuidado, buscar el consejo de un profesional de la salud o terapeuta cualificado antes de ponerlas en práctica. Las autoras y el editor no nos hacemos responsables de ningún daño o pérdida que pueda surgir del uso indebido de las afirmaciones, o de su aplicación de manera irresponsable, indiscriminada o como sustituto de la atención profesional. El uso de este libro se realiza bajo la responsabilidad y discreción de la lectora.

Contenido

Biografía

Soy Mary Chiba, una apasionada del autodescubrimiento y del camino hacia una vida plena y auténtica. A lo largo de mi trayectoria, he abrazado mi esencia y aprendido a disfrutar cada paso del proceso, descubriendo herramientas transformadoras que ahora comparto con el mundo. Mi formación en Administración de Empresas, mi experiencia como *health coach* y mi trabajo en el bienestar integral me han brindado la oportunidad de desarrollar negocios que impactan vidas. Como coautora del libro *Las wii afirmaciones,* y a través de mi página @elblogdelbienestar, mi propósito es claro: inspirar, acompañar y empoderar a mujeres para que alcancen su máximo potencial, descubran su autenticidad y logren un equilibrio pleno en todas las áreas de su vida.

Soy Deb, una mujer apasionada por el desarrollo personal, la creatividad y la conexión con la naturaleza. Como *life coach* autodidacta y ser espiritual, he transformado mi vida en un viaje de autodescubrimiento y autenticidad, integrando disciplinas como *mindfulness*, meditación, *grounding*, danza primal y arteterapia. Mi misión es inspirar a las mujeres a redescubrirse, reclamar su merecimiento y vivir en coherencia con su esencia, sembrando semillas de empoderamiento y esperanza para florecer. Descubre más en @elmundodedeb.

Prólogo

Miles de historias en películas y novelas nos han vendido la idea de que la felicidad es un destino final, un premio al que se llega tras superar obstáculos y sacrificios. Nos presentan vidas perfectas con finales felices, donde la luz triunfa al final del túnel.

Esta ilusión nos lleva a perseguir la felicidad como un objeto externo, algo que se anhela y se busca alcanzar, por lo que terminamos creyendo que la felicidad depende de factores externos, de alguien o algo que nos la otorgue.

Sin embargo, la realidad es mucho más compleja. El tren de la vida cotidiana, las dinámicas familiares y las condiciones en las que nacemos y crecemos influyen significativamente en la manera en que pensamos, sentimos y somos.

En una sociedad que nos enseña a «tener» más que a «ser», el enfoque se centra en el «hacer» para obtener y «ser». Olvidamos que el verdadero valor reside en el equilibrio entre «ser», «hacer» y «tener».

Las autoras han vivido, por experiencia personal, una transformación en todas las áreas de su vida que las inspira a contribuir escribiendo este maravilloso libro, que, de manera sencilla y amena, te habla a ti en un diálogo constructivo, en el cual te invitan a reflexionar sobre una interrogante que ellas mismas se formularon hace algunos años: «¿Qué deseas para tu vida? ¿Ser feliz o tener felicidad?».

No se trata de un libro didáctico, sino de una guía dinámica y fresca que te empodera para crear tu propia felicidad.

Más que una terapia o medicina, este libro es un reencuentro con tu «yo» interior, donde podrás restablecer una conversación constructiva contigo misma a través de afirmaciones positivas.

Estas afirmaciones pueden ser una herramienta poderosa para desarrollar la autofelicidad. Al repetir declaraciones positivas sobre ti y tu vida, puedes comenzar a reprogramar tu mente subconsciente y desarrollar creencias más alentadoras sobre ti misma. Esto puede conducir a una mayor autoestima, confianza y optimismo, lo que, a su vez, podría contribuir a una mayor felicidad general.

Las afirmaciones positivas tienen efecto al influir en tus pensamientos y creencias subconscientes. Tu mente subconsciente es responsable de gran parte de tus pensamientos y comportamientos automáticos. Cuando repites afirmaciones positivas, estás enviando mensajes poderosos a tu mente subconsciente, los cuales pueden ayudarte a crear cambios positivos en tu vida.

En lugar de perseguir la felicidad como un objetivo final, es más útil enfocarse en crear una vida significativa y llena de propósito. Esto puede implicar la persecución de nuestras pasiones, conectarnos con los demás y contribuir a algo más grande que nosotros mismos. Al encontrar significado en nuestras vidas, podemos aumentar nuestra capacidad de experimentar felicidad y satisfacción duraderas.

Me uno a la invitación de las autoras para que tomes las riendas de tu vida y construyas tu propia felicidad. Te deseo lo mejor en este y en todos los caminos que recorras. ¡Anímate a dar el primer paso y atrévete a ser feliz! Tú eres tu poder transformador.

Luis Kasuga
Presidente Nikken International, Inc.

Introducción

Este libro lleva nuestra esencia, nuestra capacidad de creer y de crear. En este camino, hemos comprobado que todo, todo, tooooooodo realmente es posible. Nos hemos dado la oportunidad de abrir nuestro corazón y sanar juntas en tribu. Todo es un proceso y nosotras decidimos cuán mágico será este camino.

El libro está redactado para ti, te hablamos a ti, a ti van dirigidas nuestras palabras. Esperamos que abras tu corazón para sentirlo así. Nuestra satisfacción más grande será verte, saber y sentir que ya te está yendo mejor.

A través de este libro, queremos acompañarte en tu proceso y te invitamos a que lo vivas con compasión, cariño, respeto y paciencia. Nuestra intención es incentivar el autocuidado, la prevención y priorizarte, porque tú te lo mereces.

Guía para el uso efectivo de las afirmaciones

Para que este libro sea el vehículo que te lleve a lograr lo que deseas, antes de decir alguna de las afirmaciones, haz una pausa. Es decir, respira profundamente y siente cada palabra en la piel, porque en el sentir está la diferencia; dilo a conciencia, comprendiendo cada palabra. Te dejamos tres formas en las que puedes conectar con la afirmación:

Primero, puedes elegir el grupo de afirmaciones dependiendo de lo que quieras trabajar. Segundo, puedes preguntar: «Universo, ¿cuál es la afirmación para mí hoy?» Ahí donde tu intuición te lo indique, ábrete a recibir. Y la tercera opción es que tú elijas la que más te haga sentido en ese momento. Cualquiera de las opciones está bien.

Y recuerda que todas las afirmaciones están en primera persona, en tiempo presente y en positivo. El cerebro es atemporal (palabra difícil, pero aquí te la explicamos: «para el cerebro no hay pasado ni futuro, todo es presente y no entiende negación»). Probemos: recuerda el último disgusto que has tenido y cuenta esa experiencia. Al hacerlo, vas a volver a sentir el disgusto en el presente por más que haya pasado ayer, ¿verdad? No en vano se dice que «recordar es volver a vivir».

Ahora, sobre la negación, se dice que el cerebro no entiende el «no». Por ejemplo: piensa en un animal, pero no en un elefante dorado. ¿En qué pensaste primero? En un elefante, ¿verdad? No hagas trampa, pensaste en un elefante y encima dorado, ¡jojolete!

Repetir las afirmaciones en contacto con la naturaleza, en tribu con personas que vibren como tú, o hacerlo mirándote al espejo, tiene más potencia, tiene más poder. La repetición de estas afirmaciones es lo que te llevará a creer en ellas. Cuando realmente te la creas, es cuando sucede la magia. Siente que ya se dio lo que estás afirmando y así será.

Recuerda llevar el libro contigo o escribir tu afirmación favorita y ponerla donde de todas maneras la vas a ver, como por ejemplo en la parte posterior de tu celular.

Si eres caballero y estás leyendo este libro de afirmaciones, siéntete libre de cambiar las afirmaciones a masculino de darse el caso.

AMOR PROPIO

El amor propio es quererte, aceptarte, respetarte, priorizarte y cuidar de ti misma. Cuando cuidas de ti misma, puedes dar lo mejor de ti y no lo que queda de ti. Cuando tienes amor propio, puedes decir «no» a lo que no está alineado contigo y tomar decisiones que favorecen tu bienestar integral, sin juzgarte y sin sentir culpa. Cuando tienes amor propio, eres capaz de celebrar tus logros y felicitarte; al hacerlo, refuerzas el comportamiento que te lleva a lograr tus sueños y metas. Además, cuando te amas a ti misma, te abres a una vida con significado para ti.

Guía de afirmaciones de amor propio

Recuerda elegir un lugar suficientemente tranquilo. Una vez ahí, respira conscientemente. Si lo prefieres, pon música; depende de ti y de la posición que elijas (sentada, echada, parada), con la espalda recta, para que la energía fluya a través de tu cuerpo. Ahora, lleva tus manos a la altura de tu corazón y repite la afirmación. Puedes usar el tono de voz de tu preferencia y, poco a poco, decirlo con más determinación y fuerza. Levantar los brazos al decirla le impregna un poder mágico.

«Yo acepto mis áreas de oportunidad»

Al referirnos a nuestros defectos como «áreas de oportunidad», elegimos una connotación más positiva que nos invita al crecimiento y la transformación. Esta elección de palabras nos empodera, recordándonos que tenemos el poder de cambiar y mejorar aquellas partes de nosotras mismas que consideramos como desafíos.

Reflexiona sobre cómo te sientes al pensar en estas áreas de oportunidad en comparación con la palabra «defecto». ¿Dónde resuena más en tu ser? La expresión «áreas de oportunidad» nos ofrece un camino hacia el cambio y la evolución personal, mientras que «defecto» puede evocar sentimientos de insuficiencia o limitación.

Así que hoy, y todos los días, afirma con convicción: «Yo acepto mis áreas de oportunidad». Porque cuando te aceptas a ti misma plenamente, creas un espacio para el amor propio y la autocompasión, permitiéndote vivir una vida llena de autenticidad y satisfacción.

«Yo soy suficiente»

Ser suficiente significa que, tal como estás, puedes. Tal vez hasta ahora te has estado contando una historia diferente. Esta afirmación te invita a sentir que, en todas las áreas de tu vida, estás donde te corresponde estar para que puedas llegar a donde quieres ir.

Tienes todas las herramientas para hacer lo mejor que puedes en este momento, lo cual incluye que, si hay algo que quieres, tienes la capacidad de conseguir esa nueva herramienta e ir por ella, ya que estás en el camino correcto.

Todos los días recuerda que eres suficiente. Porque cuando lo haces, te aceptas y amas plenamente, creando un espacio para recibir y dar amor en todas sus formas. ¡Tú mereces experimentar el amor más profundo y genuino que el universo tiene para ofrecerte!

«Yo merezco vivir una vida llena de amor»

Imagina cómo sería vivir una vida colmada de amor y afirma tu deseo de experimentar esa plenitud. Esto implica sentirte apreciada, reconocida, sostenida, merecedora, digna, honorable, congruente, atendida, etc., dependiendo de lo que resuene con tu corazón. Creer que mereces esa vida es esencial para evitar sabotear tus propios esfuerzos.

El autosabotaje se manifiesta cuando piensas: «No estoy tan mal», «Otras tienen problemas peores», «Esto es lo que me toca». Estos pensamientos surgen cuando no te sientes merecedora. Al sentir que mereces una vida llena de amor, no te conformarás con menos y tomarás acciones para alcanzar esa plenitud.

Cada día, repite esta afirmación hasta que se te grabe en las células: «Yo merezco vivir una vida llena de amor». Al permitirte aceptar y brindar amor genuino, construyes un entorno para la dicha y la realización, tanto para ti como para quienes te rodean. Eres merecedora de experimentar todo el amor que el universo tiene reservado para ti. Sí, ¡eres merecedora!

«Yo estoy de mi lado»

Decir «Estoy de mi lado» es como hacer un juramento contigo misma, un compromiso sagrado de amor propio y autoapoyo. Significa que te eliges a ti misma, con todas tus fortalezas y tus áreas de crecimiento. Cuando te pones de tu lado, te conviertes en tu mejor aliada, tu mayor defensora. Te prometes estar ahí para ti en cada paso del camino, celebrando tus triunfos y levantándote en tus momentos difíciles.

Recuerda, al estar de tu lado, no solo te beneficias tú, sino que irradias una energía poderosa que impacta positivamente en todo lo que haces. Te vuelves una fuerza imparable, capaz de conquistar tus sueños y superar cualquier reto.

Así que hoy, y todos los días, prométete a ti misma estar de tu lado. Porque cuando te amas y te apoyas a ti misma incondicionalmente, tus posibilidades son infinitas. Tú eres tu mayor tesoro y tu mejor aliada en esta increíble aventura llamada «vida».

«Yo creo en mí»

«Yo creo en mí» es más que una simple afirmación, es un poderoso manifiesto de confianza y autodeterminación. Cuando crees en ti misma, te conviertes en tu propia fuente de inspiración y motivación. Te sientes capaz de superar tus miedos y dudas, y de seguir adelante con valentía y determinación, sin importar los desafíos que puedan surgir en tu camino.

Todos los días recuerda: «Creo en mí». Porque cuando tienes fe en ti misma, te conviertes en una fuerza imparable, capaz de alcanzar todo lo que sueñas.

«Yo merezco vivir una vida en balance»

Al buscar el equilibrio, te comprometes contigo misma a cultivar una vida que te llene de alegría y satisfacción. Te permites disfrutar de cada momento. Reconoces lo importante que es cuidar de ti misma para poder ser una mejor versión para ti y para los demás. No se trata de vivir la vida loca un día y la vida de monja al siguiente, a menos que eso sea equilibrio y coherencia para ti; y, si es así, también está bien.

Recuerda que mereces sentirte plena y realizada en cada aspecto de tu vida. Atrévete a salir de tu zona de confort, y enfoca tu tiempo y energía en lo que realmente te importa a ti. Al hacerlo, crearás un espacio para tu felicidad y tu crecimiento personal.

Te dejamos uno de los pensamientos del Dalai Lama para reflexionar:

> «No entiendo al hombre; pierde su salud para ganar dinero, después pierde su dinero para recuperar su salud...».

«Yo soy valiosa tal y como soy»

No necesitas cambiar nada de ti para ser digna de amor y respeto, porque tu valor no depende de las opiniones de los demás ni de tus logros, a menos que tú te creas eso. Eres única y especial, única y especial (lo repetimos a propósito para que te lo creas, para que se te grabe), con tus propias fortalezas y áreas de oportunidad que te hacen quien eres.

Te aceptas a ti misma con amor y compasión, y te permites ser auténtica en cada momento de tu vida. Sabes que mereces lo mejor y te comprometes a tratarte con el mismo cuidado y respeto que mereces de los demás.

Así que hoy, y todos los días, afirma con convicción: «Soy valiosa tal y como soy». Recuerda que eres una obra maestra en constante evolución, y cada parte de ti es digna de celebración. Eres valiosa antes, durante y después de cualquier proceso de transformación que elijas. Tú tienes un valor único e inigualable que merece ser reconocido.

«Yo acepto lo mejor y lo merezco ahora»

Tú aceptas lo mejor y lo mereces ahora mismo. No hay necesidad de justificar tu valía ni de esperar la aprobación de los demás. Reconoces que mereces lo mejor que la vida tiene para ofrecerte y estás dispuesta a recibirlo con los brazos abiertos.

Al aceptar lo mejor para ti en este momento, te das permiso para vivir una vida plena y satisfactoria. Te comprometes a no conformarte con menos de lo que mereces y a dejar que las oportunidades toquen a tu puerta, llevándote hacia tus sueños y aspiraciones, las que sean realmente tuyas, no las que creas que debes tener.

Así que hoy, y todos los días, afirma con convicción: «Acepto lo mejor y lo merezco ahora».

Recuerda, tú eres digna de todo lo bueno que el universo tiene para ti, aquí y ahora.

MERECIMIENTO

Sentir que mereces lo que deseas, que eres digna de amor, de respeto, de felicidad y de todas las cosas buenas en la vida es vital para lograr tus sueños. Esto te ayuda a reconocer tu propio valor y a sentirte merecedora de recibir lo mejor en tu vida, sin culpa ni autosabotaje. Muchas veces, no es un tema de habilidad sino de merecimiento. Recuerda, solo cuando te sientes merecedora te abres a la posibilidad de alcanzar tus metas con confianza y gratitud.

Guía de afirmaciones de merecimiento

Elige un lugar en el que sientas calma. Ahora, inhala y exhala profundamente tres veces. Lleva tus manos a la altura de tu pecho. Repite cada afirmación sintiendo el poder de cada una de las palabras en tu corazón.

«Atraigo experiencias enriquecedoras a mi vida»

Eres como un imán para todo lo positivo y constructivo que el universo tiene reservado para ti. Con cada pensamiento positivo y cada acción proactiva, creas un espacio para que las experiencias maravillosas lleguen a ti.

Al abrir tu corazón y tu mente a lo que el universo tiene para ofrecerte, te permites crecer y evolucionar de formas que nunca imaginaste. Eres una creadora de tu propia realidad, y tienes el poder de atraer hacia ti todo lo que deseas y mereces. No tengas miedo de soñar en grande y de perseguir tus metas con determinación, porque el universo conspira a tu favor para hacer tus sueños realidad.

Así que repítelo, hasta que lo sientas tuyo: «Atraigo experiencias enriquecedoras a mi vida». Porque cuando te abres a lo que el universo tiene para ofrecerte, te encuentras en un viaje emocionante y gratificante hacia la realización personal y el crecimiento.

«Merezco todas las bendiciones del universo»

Eres digna de recibir amor, felicidad, abundancia y todo lo maravilloso que el universo tiene para ofrecerte. Tu mera existencia es una razón más que suficiente para ser bendecida con lo mejor que la vida tiene para ti.

Al reconocer tu propia valía y merecimiento, abres las puertas para que las bendiciones fluyan libremente hacia ti. Te permites recibir con gratitud y alegría todo lo bueno que el universo te ofrece, sabiendo que eres merecedora de ello en cada fibra de tu ser.

Cada día afirma con convicción: «Merezco todas las bendiciones del universo». Porque cuando crees en tu propio merecimiento, te abres a un flujo constante de amor y prosperidad que transforma tu vida de manera extraordinaria.

«Me permito recibir todo lo bueno que la vida tiene para mí»

Con esta afirmación, aceptas recibir todo lo bueno que la vida tiene para ti. Creas el espacio para que las maravillas del universo fluyan hacia ti. Te permites recibir con el corazón y los brazos abiertos, sabiendo que eres merecedora de todo lo bueno que te rodea.

Recuerda, no necesitas esforzarte ni demostrar tu valía para recibir las bendiciones del universo. Simplemente eres digna por ser quien eres, única y valiosa en tu propia existencia.

Por eso, afirma con convicción: «Me permito recibir todo lo bueno que la vida tiene para mí».

«Soy digna de amor, éxito y felicidad en todas las áreas de mi vida»

Esta afirmación te recuerda que mereces lo mejor en cada faceta de tu vida. Quiero que te mires en el espejo y veas no solo tu reflejo, sino la certeza de amor, éxito y felicidad que están esperando por ti.

Permítete creer en tu poder, en tu capacidad para transformar tu vida y para dejar una hermosa huella en el mundo que te rodea. Encuentra la alegría en las pequeñas cosas, en los momentos simples y en las conexiones auténticas que llenan tu corazón de gratitud y satisfacción. Celebra cada logro, cada paso hacia adelante, y reconoce que la felicidad está siempre presente en tu camino.

Así que hoy, en este momento, te invito a abrazar con todo tu ser la verdad de estas palabras: «Soy digna de amor, éxito y felicidad en todas las áreas de mi vida». Deja que esta verdad guíe cada pensamiento, cada acción y cada decisión que tomes.

«Yo acepto los elogios»

¿Te dan un elogio?, ¿te dicen algo lindo?, ¿te felicitan? Recíbelo con el corazón abierto y acéptalo con un «gracias» y punto. No digas nada más. Así te abres a la abundancia. No es por el elogio en sí, sino por sentir que hiciste algo bien y aceptarlo. Si alguien te está dando algo con amor, recíbelo con amor.

Aceptar los elogios no significa ser arrogante ni pretenciosa, sino simplemente reconocer y aceptar la bondad que otras te ofrecen con sinceridad. Al recibir algo con amor, también das espacio para que más amor y gratitud entren en tu vida.

Recuerda, al abrir tu corazón a los elogios y aceptarlos con humildad, te conectas con la energía positiva que te rodea y te permites recibir el amor y la abundancia que el universo tiene para ofrecerte. Así que hoy y todos los días repite: «Yo acepto los elogios».

«Merezco vivir una vida plena y abundante»

Sí, mereces vivir una vida plena y abundante, ¡créetelo! Esta afirmación es una poderosa declaración que te da tu lugar en el universo y te invita a disfrutar de todas las maravillas que te esperan en el camino.

Cada día, acoge la certeza de que te mereces lo mejor. Desde el amanecer hasta el anochecer, desde los pequeños momentos de alegría hasta los logros más grandes, tú mereces la felicidad, la satisfacción y el éxito en todas las áreas de tu vida. Eres digna de lo mejor que la vida tiene para ofrecer.

Reconocer tu merecimiento es el primer paso hacia la realización de tus sueños y la manifestación de tus deseos más profundos. Es un acto de amor propio y autoaceptación que te permite abrirte a las infinitas posibilidades que el universo tiene reservadas para ti.

«Soy merecedora de amor incondicional, tanto de mí misma como de los demás»

Al afirmar con convicción que eres merecedora de amor incondicional, estás fortaleciendo tu autoestima y estableciendo límites saludables en tus relaciones. Estás creando un espacio donde el amor fluye libremente, nutriendo tu corazón y tu alma en cada momento.

Al mismo tiempo, recuerda que también mereces amor incondicional de los demás. No te conformes con relaciones que te hagan sentir menos de lo que vales. Busca conexiones auténticas y genuinas donde se te valore y se te respete tal como eres. Mantén tus estándares altos y no tengas miedo de alejarte de aquello que no te nutre emocionalmente.

Repite cada día esta afirmación que te recuerda que eres digna de amor incondicional, tanto de ti misma como de los demás. Permítete ser tu mejor amiga, tu mayor defensora y tu fuente más grande de amor y apoyo. Si tú no, ¿quién?

«La abundancia fluye libremente hacia mí»

Eres un imán para todas las bendiciones y oportunidades que el universo tiene reservadas para ti. Abre tus brazos y tu corazón para recibir con gratitud y alegría toda la abundancia que la vida te ofrece, tanto material como espiritual. Confía en que mereces la abundancia en todas sus formas.

Al repetir esta afirmación, casi sin darte cuenta, te liberas de la mentalidad de escasez y adoptas una mentalidad de abundancia, sabiendo que el universo es infinitamente generoso y que siempre hay más que suficiente para todos.

Recuerda, la abundancia fluye hacia ti de manera natural y constante. Solo tienes que abrirte a recibirla. Eres una mujer poderosa y mereces vivir una vida llena de abundancia en todas sus formas. ¡Créetelo!, porque así es.

ENERGÍA FEMENINA

La energía femenina te conecta con tu intuición, con tus emociones y con tu creatividad. Cuando la activas, te nutres, sanas, creas abundancia en todos los aspectos de tu vida y puedes conectarte auténticamente contigo misma y con los demás. Tu energía femenina es la que te permite tomar decisiones desde el corazón y vivir de una manera más auténtica. Te abre la posibilidad de crear ilimitadamente y sentir que todo, realmente tooooooooooodo, es posible. Aceptar y reconocer tu energía femenina te cambia la vida de una manera increíble. Cuando suceda, lo sentirás y te sentirás diferente.

Guía de afirmaciones de energía femenina

Recuerda, elige un lugar agradable para ti. Una vez ahí, conecta con tu respiración y con los latidos de tu corazón. Asegúrate de estar con la espalda recta para que la energía fluya a través de tu cuerpo. Ahora, abrázate tiernamente, apapáchate y repite la afirmación.

«Yo soy creatividad infinita»

Tú eres creatividad infinita. ¡Sí! ¡Créetelo!, siéntelo en tu corazón al repetir esta afirmación y empieza a diseñar tu vida desde la posibilidad infinita. Todo lo que puedes imaginar lo puedes crear.

Cuando diseñas algo, cuando encuentras una salida, cuando superas un reto, cuando encuentras soluciones, cuando descubres una forma diferente de hacer algo, cuando piensas de manera divergente, cuando resuelves un tema personal, cuando encuentras un camino más corto o una forma más divertida, estás siendo creativa. Incluso cuando, después de caerte, encuentras la manera de levantarte, estás siendo creativa.

¿Ahora te das cuenta de lo creativa que eres?

Date un tiempo y déjate llevar por el corazón para descubrir en qué otras áreas eres creativa. Este reconocimiento te abrirá las puertas a más creatividad. Repite: «Yo soy creatividad infinita» y recuerda: todo lo que puedes imaginar, lo puedes hacer realidad.

«Yo siento, fluyo y siento»

Siente tus emociones, solo siéntelas. Reconoce que están ahí y acéptalas, sin juzgarte y sin juzgar esas emociones. Ahora siente la diferencia cuando te mueves con facilidad a través de ellas.

Cuando te permites fluir con tus emociones, experimentas una sensación de libertad y puedes disfrutar plenamente del momento presente. Te das cuenta de que la vida es hermosa en su complejidad y en su simplicidad, y te sumerges en la maravilla de cada instante.

¿Quieres sentir esta profunda conexión con la vida? Entonces, repite esta afirmación, recordándote a ti misma que tienes el poder de sentir, fluir y sentir de nuevo en cada momento de tu existencia.

«Amo cada versión de mí misma»

Esta afirmación, «Amo cada versión de mí misma», te recuerda que en cada momento eres quien debes ser. Te aceptas a ti misma en todas tus facetas, sabiendo que eres perfectamente imperfecta. Te vas convirtiendo en tu nueva y mejorada versión, en esa versión que te permitirá hacer lo que necesitas hacer para lograr lo que deseas.

Con esta afirmación, te abres a la energía femenina al fomentar la aceptación y el amor hacia todos los aspectos de tu ser. Al abrazar todas tus facetas y emociones, te conectas con la sensibilidad, la intuición y la creatividad. Esto te permite fluir con mayor armonía, confianza y autenticidad en tu vida diaria.

Cada versión de ti misma es valiosa, y merece amor y aceptación. Al repetir esta afirmación, te comprometes a valorar y respetar tu propio viaje, reconociendo que eres digna de amor y aceptación en todas tus formas y etapas.

«Yo siento mis emociones y está bien»

Tú sientes lo que sientes, y está bien. Sea cual sea la emoción que sientas, permítete sentirla. Cuando te permites sentir, reconoces que está ahí, en lugar de pretender que no es así. Permite que cada emoción fluya libremente a través de ti, sin resistencia ni juicio.

Reconoce su presencia y observa cómo se manifiesta en tu cuerpo y mente. Pregúntate para qué surge esta emoción, qué te está enseñando y si quieres retenerla o dejarla ir. Recuerda que sentir no te hace débil; al contrario, te hace más fuerte, y cada emoción te ofrece una oportunidad para aprender y crecer.

Al aceptar lo que sientes, te conoces mejor y te conectas contigo misma de una manera más profunda. Esto te ayuda a entender qué necesitas y qué te hace feliz. Además, te da la oportunidad de aprender y crecer emocionalmente. Por eso, date la oportunidad de sentir tus emociones cada día.

«Yo disfruto mis pausas»

Las pausas son un lujo, un hermoso lujo. Te sirven para tomar aire y seguir adelante, para llenarte de energía y dar tu siguiente paso con determinación, para felicitarte por lo que has logrado, para simplemente descansar y disfrutar tu camino.

Toma una pausa para mirar atrás y darte cuenta de cuánto has avanzado. Para mirar adelante y recordar hacia dónde quieres ir. Para mirar abajo y reconocer dónde estás hoy; y si es que es ahí donde deseas estar, o si ya no lo es. Para mirar a los lados, inspirarte y reconocer a otras mujeres. Para mirar hacia arriba y agradecer por mostrarte el camino.

Repite esta afirmación y disfruta de tus hermosas y productivas pausas. Cada momento de descanso es una oportunidad para reflexionar, recargar energías y apreciar el viaje que estás recorriendo. Aprovecha estas pausas para conectarte contigo misma y con el mundo que te rodea, recordando que cada momento es valioso y merece ser disfrutado plenamente.

«Aprecio mi capacidad para nutrir y cuidar»

Esta afirmación significa reconocer y valorar la capacidad de cuidar de ti misma de manera amorosa y compasiva. Implica entender que dedicarte tiempo y atención a tus propias necesidades físicas, emocionales y mentales es esencial para tu bienestar general.

Al apreciar esta capacidad para nutrir y cuidar, te comprometes a priorizar tu propio bienestar y a tomar medidas activas para cuidar de ti misma. Esto puede incluir prácticas como la atención plena, la adopción de hábitos saludables, el establecimiento de límites saludables, buscar apoyo cuando sea necesario y cultivar relaciones positivas que te nutran emocionalmente.

Repite esta afirmación y comprométete a tratarte a ti misma con la misma compasión y dedicación que brindas a los demás.

«Yo conecto con otras mujeres desde el amor y el apoyo mutuo»

Conectándote con otras mujeres desde el amor y el apoyo mutuo, contribuyes a incrementar el poder de la energía femenina. Sin compararte con nadie más, porque cada una es única y especial. Comprendes que cada una brilla con luz propia, con sus propias fortalezas y cualidades únicas.

Esta conexión desde el amor y la aceptación te permite fluir y disfrutar la vida de una manera más plena y auténtica. Al valorar y celebrar tanto tus propias cualidades como las de las demás mujeres, creas un ambiente de armonía y crecimiento mutuo.

Repite esta afirmación y experimenta cómo tu relación contigo misma y con otras mujeres se fortalece. Al conectarte desde el corazón, te abres a un mundo de posibilidades y experiencias enriquecedoras que te llevarán a descubrir todo tu potencial y a vivir con plenitud.

«Yo lo estoy haciendo bien»

Cuando afirmas «Yo lo estoy haciendo bien», estás reconociendo y validando tus esfuerzos y logros. Esta afirmación es un recordatorio de que estás en el camino correcto. Te das cuenta de que estás haciendo lo mejor que puedes en este momento y te permites sentirte orgullosa por tus avances y aprendizajes en este viaje de vida.

Reconoce tus esfuerzos y logros, por pequeños que puedan parecer. Cada paso que das, cada decisión que tomas, te lleva más cerca de tus metas y sueños. Recuerda que no hay una única forma de hacer las cosas correctamente. Lo importante es que estás progresando y creciendo a tu propio ritmo.

Así que, todos los días, recuerda que lo estás haciendo bien, porque lo estás haciendo bien.

INTUICIÓN

La intuición te permite sintonizar con tu «yo» más auténtico y conectarte con la sabiduría innata que reside en ti, aquella que sabe sin saber cómo sabe y que va antes de toda lógica. Al escuchar, hacer caso y sentir tu intuición, te abres a la posibilidad de una vida con significado, alineada con tus valores y propósitos.

Guía de afirmaciones de intuición

Recuerda elegir un lugar agradable para ti, conectar con tu respiración y con los latidos de tu corazón. Asegúrate de estar con la espalda recta para que la energía fluya a través de tu cuerpo. Deja que tu intuición guíe tu cuerpo y se mueva libremente con la afirmación.

«Yo creo la vida que deseo»

Esta afirmación te invita a tomar responsabilidad por tus elecciones y acciones, recordándote que eres la arquitecta de tu propio destino. Te empodera para trazar el curso de tu vida de acuerdo a tus valores, pasiones y propósito, guiada por una visión clara de lo que deseas lograr y experimentar.

Te inspira a cultivar una mentalidad de posibilidad y abundancia, confiando en que tienes el poder de convertir tus sueños en realidad mediante tu enfoque, esfuerzo y determinación. Al conectar con tu sabiduría interna, puedes darte cuenta de lo que realmente es importante para ti y tomar acciones que reflejen tu autenticidad y verdad.

Repetir «Yo creo la vida que deseo» es un llamado a la acción para vivir con intención, autenticidad y determinación, construyendo una realidad alineada con tus sueños y tu verdadero ser.

«Mi poder creador se expande día a día»

Decir «Mi poder creador se expande día a día» es como recordarte a ti misma que cada paso que das te acerca un poco más a lo que quieres lograr. Es como darte un pequeño empujón para seguir adelante, incluso cuando las cosas parecen retadoras. Te ayuda a creer en ti misma, y en tus habilidades, para superar los desafíos y alcanzar tus metas, sabiendo que cada día estás aprendiendo y creciendo un poco más.

Es un recordatorio constante de que estás en control de tu propio destino y que tienes el poder de cambiar las cosas si así lo decides. Decir estas palabras te reconforta y te da esperanza, porque sabes que, aunque el camino pueda ser desafiante a veces, estás en el camino correcto. Te ayuda a mantenerte enfocada en lo que realmente importa y a no perder de vista tus sueños y aspiraciones.

Recuerda, «Mi poder creador se expande día a día» es como una pequeña dosis de motivación y autoafirmación que te impulsa a seguir adelante.

«Yo confío en mi siguiente paso»

Cuando afirmas «Yo confío en mi siguiente paso», te estás otorgando a ti misma un regalo invaluable: la seguridad en tu propio camino. Esta declaración te brinda la tranquilidad de saber que tienes la capacidad de tomar decisiones sabias y seguir adelante con confianza. Te libera de la ansiedad sobre el futuro y te permite enfocarte en el presente con serenidad y determinación.

Al confiar en tu siguiente paso, te das permiso para ser la protagonista de tu propia historia. Te comprometes a escuchar tu voz interior y a seguir el camino que resuene más auténticamente contigo.

Repite esta afirmación y recuerda que eres capaz de crear la vida que deseas, paso a paso, con amor y confianza en ti misma.

«Yo merezco sentir lindo»

«Merezco experimentar la belleza en mi entorno». Esta afirmación reconoce tu derecho a rodearte de experiencias que te hagan sentir bien y que resalten la belleza que te rodea. Te permite valorar no solo tu propia persona, sino también los momentos y lugares que te brindan alegría y armonía.

Al merecer sentirte bien, te abres a la posibilidad de cultivar una vida llena de belleza y bienestar. Reconoces que mereces rodearte de personas, lugares y experiencias que te hagan sentir bien contigo misma y que te permitan apreciar la belleza en el mundo que te rodea.

Afirmar «Yo merezco sentir lindo» es un recordatorio amoroso de tu valía y tu derecho a vivir una vida plena y hermosa en todos los sentidos.

«Yo estoy conectada a mi intuición»

Afirmar «Yo estoy conectada a mi intuición» implica reconocer que estás en sintonía con tu sabiduría interior y que confías en tu voz intuitiva como guía en tu vida. Significa que estás abierta a escuchar y seguir tus corazonadas, señales y sensaciones internas, reconociendo que estas pueden proporcionarte información valiosa y orientación en tus decisiones y acciones.

Estar conectada a tu intuición te permite tomar decisiones más alineadas con tus verdaderos deseos y propósitos, así como estar más en armonía contigo misma y con el universo que te rodea.

En momentos de calma, te abres para escuchar tu voz interior. Es cuando diriges tu atención hacia adentro, escuchando esa voz que no sabes de dónde viene, pero que te guía hacia donde quieres ir. Es un momento de conexión profunda contigo misma, donde encuentras orientación y dirección para seguir tu camino con confianza y certeza. Entonces, cada día encuentra un momento de calma y repítete: «Yo estoy conectada con mi intuición».

«Yo soy inspiración»

Eres una fuente de inspiración, ¡créetelo! Esto reconoce tu capacidad para impactar positivamente a quienes te rodean, ya sea con tus acciones, palabras o simplemente con tu presencia. Te permite reconocer que tienes el poder de motivar, alentar y elevar a otras con tu ejemplo.

Al afirmar que eres inspiración, reconoces el valor de tu propia vida y las experiencias que has atravesado. Reconoces tus logros, fortalezas y cualidades únicas, y comprendes que estas pueden servir como una fuente de inspiración para los demás. Todo lo que te pasa, te pasa para algo.

Tu influencia no se limita a lo que haces, sino también a quién eres. Al afirmar esto, te empoderas para ser consciente del impacto que tienes en el mundo, y para usarlo como una oportunidad para sembrar semillas de positividad y crecimiento. Por eso, hoy y todos los días, recuerda que tú eres inspiración.

«Confío en mi sabiduría interior para decidir»

Al decir «Confío en mi sabiduría interior para decidir», te otorgas el permiso necesario para confiar en tu propia sabiduría y tomar decisiones con seguridad y claridad. Esto implica confiar en tu intuición, emociones y conocimiento interno para tomar acciones que estén alineadas con tus valores, metas y propósito de vida.

Es un recordatorio amoroso de tu capacidad innata para confiar en ti misma y seguir tu propio camino con confianza y determinación. Reconoces que dentro de ti reside una fuente de sabiduría inagotable que te guía en cada paso del camino, y te comprometes a honrar y cultivar esa conexión con tu intuición y conocimiento interior.

Al confiar en tu sabiduría interior para tomar decisiones, te liberas del peso de la duda y la indecisión, permitiéndote avanzar con mayor seguridad y convicción en la dirección que realmente deseas. Confía en que posees todas las respuestas que necesitas dentro de ti, y que estás completamente capacitada para tomar decisiones que te lleven hacia una vida plena y significativa.

«Encuentro paz en el caos»

Descubrir que eres capaz de encontrar paz en el caos es invaluable. Con esta capacidad, te liberas del bullicio de la vida y te sientes conectada con tus verdaderos deseos y propósitos, en lugar de sentirte abrumada y desconectada.

Cada vez que encuentras paz, experimentas una transformación. Te vuelves más consciente de ti misma y de lo que realmente importa en tu vida. Esto te permite tomar decisiones con claridad y alineadas con tus valores y objetivos más profundos.

Repite esta afirmación cada vez que lo necesites: «Encuentro paz en el caos», para permanecer centrada y equilibrada, incluso en medio de los desafíos que puedan surgir.

«Mi intuición me guía en mi evolución»

Tu intuición es tu brújula en el viaje de tu evolución personal. Te acompaña en cada paso del camino, ofreciéndote una guía interna poderosa y confiable. Con esta afirmación, te abres a confiar en ese instinto innato que te impulsa hacia adelante, llevándote hacia experiencias y decisiones que nutren tu crecimiento, y te conducen hacia una versión más plena y auténtica de ti misma.

Al escuchar y honrar tu intuición, te abres a un mundo de posibilidades y oportunidades para aprender, crecer y transformarte. Reconoce el valor de esa voz interna que te anima a explorar nuevos horizontes, a desafiarte a ti misma y a abrazar los cambios que te llevan más cerca de tus metas y aspiraciones.

Tu intuición también te brinda la capacidad de reconocer las señales y los mensajes que el universo te envía. Te ayuda a interpretar las situaciones de tu vida de manera más profunda y a comprender el significado detrás de ellas. Recuerda siempre que tu intuición es tu auténtica guía en tu evolución.

ENERGÍA MASCULINA

La energía masculina te brinda la capacidad de establecer metas, ir por ellas con determinación y hacerlas realidad. También te ayuda a poner límites saludables, proteger lo que valoras y asumir responsabilidades. Recuerda que tú te has traído hasta donde estás y solo tú te puedes llevar hacia donde quieres ir, SOLO TÚ.

Cuando la energía femenina creadora y la energía masculina realizadora están en equilibrio, tienes la posibilidad de experimentar la vida que realmente quieres.

Guía de afirmaciones de energía masculina

Elige un lugar donde puedas repetir estas afirmaciones en voz alta. Te invitamos a hacer la pose de la mujer maravilla: de pie, con los pies separados, manos en la cintura, hombros ligeramente hacia atrás, mentón elevado y mirada al frente. Ahora, repite la afirmación con confianza y seguridad, como si quisieras que todos te escucharan.

«Mi mente está enfocada»

Cuando tu mente está enfocada, puedes ver con más claridad tus objetivos y las acciones necesarias para alcanzarlos. Te haces consciente de los distractores que se te presentan y tienes el poder de elegir continuar enfocada en tu camino.

Te sientes capacitada para enfrentar cualquier desafío que se presente, confiando en tu habilidad para encontrar soluciones creativas y efectivas. Centras tu atención en el presente, lo que te permite desempeñarte al máximo y perseguir tus metas con convicción y persistencia.

Repetir esta afirmación en momentos clave te permite enfocarte o reenfocarte en lo que es importante para ti. Esta práctica te empodera para tomar decisiones conscientes y orientadas hacia tus metas, ayudándote a recuperar el enfoque necesario para seguir avanzando en tu camino hacia el éxito y la realización personal.

«Mis decisiones me llevan a tener éxito»

Esta afirmación implica que tienes el poder de tomar decisiones que te guiarán hacia el logro de tus objetivos y metas. Refleja una confianza en tu capacidad para tomar decisiones efectivas y asumir la responsabilidad de tu propio camino hacia el éxito.

Al reconocer el poder de tus elecciones, sabes que cada paso que das te acerca más a tus metas. Este enfoque proactivo te permite asumir el control de tu destino y sentirte empoderada para enfrentar los desafíos que se presenten en tu camino hacia el éxito.

Repite esta afirmación y recuerda que el éxito está en tus manos y que cada elección cuenta en tu viaje hacia una vida plena y satisfactoria.

«Honro y respeto mi energía masculina»

Esta afirmación implica que reconoces y valoras la parte de la energía masculina en tu ser. Te permite apreciar y aceptar plenamente la presencia de esta energía dentro de ti, reconociendo cómo complementa y enriquece tu ser en su totalidad.

Honrar y respetar tu lado masculino significa reconocer y apreciar cualidades como la fuerza, la determinación, la acción y la racionalidad que forman parte de esa energía, comprendiendo cómo complementan y enriquecen tu vida y tus relaciones.

Al repetir esta afirmación regularmente, te empoderas para fortalecer las características distintivas de la energía masculina, como la determinación y el deseo de actuar de manera racional. Esto te permite cultivar una mayor claridad mental y enfoque en tus objetivos, así como una firmeza en tus decisiones, basadas en la lógica y el razonamiento.

«Yo soy disciplinada»

Afirmar «Yo soy disciplinada» va más allá de ser una simple declaración, representa un compromiso personal con el autodesarrollo y el logro de metas. Implica una voluntad sólida para mantener el enfoque en las tareas y responsabilidades, incluso cuando surgen distracciones o tentaciones en el camino.

Al repetir regularmente esta afirmación, fortaleces tu determinación para alcanzar tus metas y mantener un estado mental positivo y enfocado. Esta práctica te ayuda a reforzar la disciplina necesaria para mantener el rumbo, incluso en momentos de desafío, y te impulsa a mantener un compromiso constante con tus objetivos.

Al adoptar esta mentalidad, te comprometes a seguir una rutina que te mantenga encaminada hacia tus metas, superando cualquier reto con determinación y perseverancia. Te recuerda que la disciplina es la clave para convertir tus sueños en realidad y te motiva a mantener un rumbo constante hacia el éxito.

«¡Luz, cámara, acción! Estoy lista para triunfar»

«¡Luz, cámara, acción! Estoy lista para triunfar» es una expresión que evoca la preparación y el inicio de una acción decisiva. Al decir esta frase, te estás alistando para dar un salto cuántico, es decir, para tomar un paso significativo hacia adelante en tu vida. Desde la perspectiva de tu energía masculina, esto implica activar tu determinación, coraje y capacidad para la acción.

Usa esta afirmación para superar la inercia y dar el primer paso hacia tus metas y sueños. Inspírate a dejar atrás la duda y la indecisión, y a tomar acción con determinación y convicción. Es un llamado para que te lances hacia adelante con coraje y confianza en tus habilidades y capacidades para alcanzar el éxito que deseas.

Repite todos los días: «¡Luz, cámara, acción! Estoy lista para triunfar» y da ese paso.

«Soy imparable»

«Soy imparable» es una afirmación poderosa. Al decir esta afirmación, te estás reconociendo a ti misma como una fuerza invencible capaz de superar cualquier reto en tu camino al éxito.

Esta afirmación refleja una mentalidad de resiliencia y valentía, que te impulsa a seguir adelante con convicción, sabiendo que tienes el poder y la capacidad para alcanzar tus sueños.

Al repetir esta afirmación regularmente, fortaleces la confianza en ti misma y consolidas tu determinación para conseguir el éxito. Tú eres imparable, ¡créetelo!, porque así es.

«Sé exactamente lo que quiero»

Para conseguir tus metas, es imprescindible tener una visión clara de lo que deseas y ser específica en tus objetivos. ¿No te parece lógico? Sin saber qué es lo que anhelas, ¿cómo sabrías qué pasos dar o hacia dónde dirigirte para alcanzarlo?

Al afirmar «Sé exactamente lo que quiero», estás reconociendo tu habilidad para identificar con precisión tus verdaderos deseos en la vida. Además, darte tiempo para reflexionar y definir qué es lo que realmente quieres es fundamental. Este proceso te permite explorar tus valores, prioridades y aspiraciones, ayudándote a establecer objetivos que estén alineados con tu auténtico «yo».

Repite esta afirmación y recuerda que el primer paso es saber exactamente qué es lo que quieres.

«Lo quiero lo tengo»

La afirmación «Lo quiero, lo tengo» refleja una actitud de confianza en tu capacidad para obtener lo que deseas. Esta declaración también implica un compromiso activo con la acción.

Al pronunciar estas palabras, te comprometes a tomar medidas concretas y decididas para alcanzar tus metas. Te impulsa a actuar con determinación y confianza, recordándote que eres la arquitecta de tu destino y que tienes el poder de convertir tus sueños en realidad.

Esta poderosa afirmación, «Lo quiero, lo tengo», actúa como un recordatorio constante de tu capacidad para manifestar tus deseos y construir la vida que verdaderamente deseas vivir.

CATARSIS

«Catarsis», la palabra más difícil que encontrarás en este libro, significa liberarte de las emociones reprimidas, tensiones acumuladas y conflictos internos, es decir, de todo aquello que no te suma o que te pesa. La catarsis te permite sacudirte de sentimientos intensos como el enojo, la tristeza, la frustración y sentirte LI-BE-RA-DA ¡Yeiiiiii! Esto contribuye a una mayor claridad mental y bienestar emocional.

Guía de afirmaciones de catarsis

Elige un lugar donde puedas soltar todo lo que tienes dentro. Si puedes, hazlo descalza en el jardín o en un espacio natural. Separa tus pies a la altura de tus hombros y dobla un poco las rodillas. Inhala y exhala por la boca de forma constante y rápida durante 10 segundos. Luego, haz una inhalación profunda y di la afirmación como si estuvieras sacudiendo el agua de tus brazos.

«Suelto mi... (emoción que dejas ir)»

Desata esa emoción que llevas dentro y déjala fluir libremente. Reconoce que tus emociones son parte fundamental de tu ser y que expresarlas es un acto de autenticidad y valentía. No temas mostrar quién eres realmente, con todas tus alegrías, tristezas, pasiones y miedos. Tú eres tú, paquete completo.

Permitirte sentir y expresar tus emociones te libera de cargas, y te abre paso hacia una mayor claridad mental y bienestar emocional. Cada emoción que experimentas es una oportunidad para aprender, crecer y evolucionar como persona.

Repite esta afirmación y recuerda siempre que tus emociones son poderosas aliadas en tu viaje de autodescubrimiento y transformación personal.

«Rompo las ataduras del pasado»

Rompe las ataduras del pasado y libérate de las cargas que has llevado. Reconoce que es el momento de dejar atrás el peso que te ha retenido, y de avanzar hacia un futuro lleno de posibilidades. Tienes el poder de transformar tu historia, de escribir nuevos capítulos llenos de esperanza y realización.

Confía en tu capacidad para soltar lo que ya no te sirve. Dejar atrás el pasado es un acto de amor propio y esencial para tu crecimiento. Cada experiencia, incluso las dolorosas, ofrece lecciones valiosas para aprender, sanar y crecer. Al liberarte del peso del pasado, creas espacio para la paz interior y la renovación espiritual.

Repite esta afirmación y permítete liberar el pasado para abrazar el presente con gratitud y construir un mañana lleno de amor y alegría. Al repetir esta afirmación, te recuerdas a ti misma que tienes el poder de transformar tu vida, y crear un futuro brillante y prometedor.

«¡AAAAAAAAAAAAAAAAAHHHHH!»

Piensa en eso que te molesta y permite que este grito liberador, esta «exclamafirmación», salga con toda la fuerza que necesite. Deja que resuene en tu ser y en el espacio que te rodea, liberando todas las tensiones acumuladas. Este grito no solo es un desahogo, sino también un acto de afirmación y liberación.

Imagina que cada sonido que emites es como un rugido poderoso que despeja el camino hacia la paz interior. Siente cómo cada exhalación lleva consigo todo lo que te ha estado pesando: las preocupaciones, el estrés, la ira o la frustración. Deja que fluya hacia afuera, dejando espacio para la calma y la serenidad en tu interior.

Recuerda que tienes el poder de elegir cómo responder a las situaciones que te perturban. Utiliza este grito liberador como una herramienta para liberar el estrés, encontrar la calma y recargar tu energía.

«Fuera sufrimiento»

Al repetir esta afirmación, te estás dando permiso para expresar tu dolor de la manera que necesites, ya sea llorando, gritando o de cualquier otra forma que surja. Es hora de decirle adiós al sufrimiento. Deja que se aleje de ti como una sombra que se desvanece con la luz del amanecer.

Este es un momento de transformación y renovación. Suelta el sufrimiento con gratitud por las lecciones que te ha enseñado, pero con la determinación de no permitir que dicte tu presente ni tu futuro. Permítete abrirte a nuevas posibilidades, experiencias y emociones.

Repite esta afirmación y confía en tu capacidad para superar el sufrimiento y encontrar la felicidad que tanto deseas.

«Libero todo lo que me ha retenido»

«Libero todo lo que me ha retenido». Al repetir esta afirmación, me reconozco en mi propio poder para soltar las cadenas del pasado y abrazar una vida llena de libertad y autenticidad. Cada vez que pronuncio estas palabras, me conecto con mi fuerza interior y me abro a nuevas oportunidades y experiencias.

Al liberar lo que me ha retenido, me libero a mí misma para avanzar hacia el futuro más ligera. En este acto de soltar, encuentro el espacio para crecer, aprender y florecer.

Al repetir esta afirmación, confío en que tengo todo lo que necesito para crear la vida que deseo. Al soltar lo que me ha retenido, me permito abrazar la belleza del momento presente y abrirme a las infinitas posibilidades que se presentan ante mí.

«Suelto mi apego»

El «apego» se refiere a esa sensación de aferrarse a algo con fuerza, ya sea una relación pasada, una expectativa no cumplida o una emoción que no te suma. «Suelto mi apego» es más que una simple afirmación; es un acto de liberación.

La repetición de esta afirmación te ayuda a reprogramar tu mente y tu corazón, fortaleciendo tu determinación para soltar ese apego y abrazar una vida llena de libertad y autenticidad. Al soltar lo que te ata, estás abriendo espacio para nuevas oportunidades y experiencias en tu vida. No temas dejar ir lo que ya no te sirve, porque, al hacerlo, estás dando paso a un crecimiento personal y a una transformación poderosa.

Cada vez que la pronuncias, te estás recordando a ti misma que mereces vivir una vida plena y satisfactoria, libre de las cadenas del apego. Te estás dando permiso para soltar el pasado y abrirte a un futuro lleno de posibilidades y alegría.

«Suelto toda expectativa»

Suelta toda expectativa. Con esta afirmación, ya no te atas a esperar que las cosas sean de cierta manera. Estás abriendo espacio para lo inesperado, para esas sorpresas que la vida tiene guardadas para ti. ¡Imagina todo lo emocionante que puede ser eso!

Estás lista para fluir con lo que venga, así que deja ir esas expectativas y prepárate para disfrutar sin límites ni presiones. Al liberarte de las expectativas, te permites vivir en el momento presente y apreciar cada experiencia tal como es, sin compararlo con tus ideas preconcebidas.

Repite esta afirmación día a día para recordar tu poder de crear tu propia realidad y encontrar la dicha en cada experiencia que la vida te ofrece. Esto te brinda una sensación de libertad y apertura, permitiéndote encontrar belleza y significado en cada momento.

«Sacudo cualquier obstáculo de mi camino»

Estás decidida a alcanzar tus sueños y no hay nada que pueda detenerte. Cada paso que das te lleva más cerca de tus objetivos, y cada reto superado te fortalece para lo que venga. Sacudir cualquier obstáculo de tu camino no solo implica enfrentarlo con determinación mental, sino también con una energía física vigorosa.

Al sacudir tu cuerpo, estás liberando esa energía negativa que te impide avanzar con confianza y claridad. Es como si estuvieras desprendiéndote de capas de dudas y preocupaciones, dejando espacio para la fuerza y la determinación. Este acto físico de sacudirte puede ser una poderosa metáfora de tu voluntad de superar los desafíos y seguir adelante con valentía.

Entonces, cada vez que pronuncies esta afirmación, recuerda también el acto de sacudir tu cuerpo físicamente, liberando cualquier carga emocional que pueda estar pesando sobre ti. De esta manera, te estás empoderando no solo mentalmente, sino también físicamente, para enfrentar los desafíos con renovada energía y determinación.

EMPODERAMIENTO

Tienes un increíble poder dentro de ti. Para poder usarlo, necesitas activarlo. ¿Y cómo se activa? Confiando en ti misma. Así es, tan solo confiando en ti misma. Es sencillo y retador a la vez, porque llevas mucho tiempo contándote la historia de que no puedes. ¡Es momento de hacer un cambio y empezar a contarte una nueva historia donde todo lo puedes!

Para eso son estas afirmaciones de empoderamiento. Cuando confías en ti misma y te empoderas, todo es posible. Puedes tomar el control de tu vida y ser dueña de tus decisiones y acciones de manera consciente. Empoderarte es como darle alas a tu capacidad para alcanzar tus metas y hacer una diferencia en el mundo que te rodea, porque el mundo que te rodea es tu mundo.

Guía de afirmaciones de empoderamiento

Elige un lugar donde puedas repetir estas afirmaciones en voz alta, siempre con la espalda recta para que la energía fluya mejor. Puedes elegir entre una de estas poses de poder:

La primera es la pose «yes», con el brazo elevado y el puño cerrado, moviéndolo de arriba hacia abajo mientras sientes la energía poderosa que te envuelve.

La segunda es la pose de «victoria», con los puños cerrados y elevados por encima de la cabeza, sintiendo cómo la adrenalina recorre tu cuerpo.

¿Lista para despertar el poder que hay dentro de ti? ¡Vamos!

«Soy capaz de lograr todo lo que me propongo»

En verdad, eres capaz de lograr todo lo que te propongas. Cuando te lo crees y confías, sientes una energía a la altura de tu pecho que te empodera y te anima a dar esos pasos hacia lo que deseas. Repite esta afirmación y siente tu poder.

Empieza con algo sencillo para ir fortaleciendo tu confianza. Lo importante es que reconozcas incluso los pequeños logros, porque cada uno de ellos te sumará para confirmar que puedes.

Con cada reto que enfrentas, vas fortaleciendo tu confianza y te irás sintiendo cada vez más empoderada. Eres capaz de todo lo que te propones. Un paso a la vez está bien. ¡La vida que deseas te está esperando!

«Mis opiniones son dignas de ser escuchadas»

Lo que tú tienes que decir merece ser escuchado. Tus palabras, pensamientos, emociones y opiniones tienen valor. ¡Créetelo!, y permítete expresarte con autenticidad, respeto y libertad. Tienes el derecho y la capacidad de hacer que tu voz sea escuchada.

Atrévete a levantarte y compartir tus pensamientos, incluso si no todos están de acuerdo contigo. Exprésate sin esperar ser aceptada, pero exprésate. Ten presente la posibilidad de estar de acuerdo en que estamos en desacuerdo.

Repite esta afirmación todos los días para sentir que eres digna de ser escuchada. Porque cada vez que te atreves a hablar, te fortaleces, te empoderas y te acercas más a vivir una vida plena y auténtica. Recuerda que tu voz es única y poderosa, capaz de influir en el mundo que te rodea. Así que no dudes en alzarla y dejar tu huella en el mundo.

«Tengo todo lo que necesito para triunfar»

Darte cuenta de que tienes todo lo que necesitas para triunfar te da el poder de hacerlo, porque todo eso ya está dentro de ti. Ábrete a aceptar tus propios recursos, tus increíbles capacidades, esas habilidades únicas y esas fortalezas que te han permitido llegar hasta donde estás hoy.

Reconócelas y acéptalas como suficientes para lograr tus objetivos en cualquier área de tu vida, y empieza a darles uso. Solo así llegarás a crear tu propio destino. Recuerda, tu futuro está en tus manos, en las de nadie más.

Además, al reconocer y utilizar tus recursos internos, te vuelves más resiliente ante los retos que puedan surgir en tu camino. Aprovecha al máximo todo lo que eres: tus talentos, tus experiencias y tu valentía. Confía en esas cualidades que te hacen única y en tu capacidad para superar desafíos.

Cada paso que has dado y cada desafío que has superado han contribuido a tu crecimiento y fortaleza. Recuerda que tú eres la protagonista de tu propia historia y tienes el poder de moldear tu camino.

«Acepto mi poder de transformar mi vida»

Al repetir «acepto mi poder de transformar mi vida», reconoces y afirmas tu capacidad para influir en tu propia realidad y dirigir el curso de tu vida. Este simple acto de aceptación es, en realidad, un poderoso acto de empoderamiento que te coloca en el asiento del conductor de tu propia existencia.

Al aceptar este poder, estás dando un paso valiente hacia la autenticidad y la plenitud. Es fácil caer en la creencia de que las circunstancias externas determinan tu destino. Es natural sentir cierto, y hasta mucho, temor al principio, ya que implica asumir la responsabilidad total de tu vida. Sin embargo, también es liberador reconocer que tienes el control sobre tu propia felicidad y bienestar.

Confía en ti misma y en tu capacidad para tomar decisiones que te lleven hacia una vida más plena y satisfactoria. Cada día, con cada pequeño o gran paso, estás creando la historia de tu vida, y tú eres la única que tiene el poder de decidir cómo quieres que sea esa historia.

«Agradezco el regalo de mi poder interior»

Tienes un poder innato dentro de ti, una fuerza que te impulsa hacia tus metas y sueños más profundos. Al pronunciar la afirmación «Agradezco el regalo de mi poder interior», reconoces y celebras este don que reside dentro de ti, permitiendo que se active y te guíe en tu camino.

Ahora que has reconocido ese poder, estás lista para utilizarlo. Cada vez que te sientas dudosa o desanimada, recuerda el poder que tienes dentro de ti y utiliza esta afirmación para reconectar con él. Es hora de confiar en ti misma y en tus habilidades para lograr lo que deseas en la vida.

Con la repetición constante de esta afirmación, fortalecerás tu conexión con tu poder interior y te convertirás en la dueña indiscutible de tu destino.

«Acepto y abrazo mi propia fuerza»

Cuando aceptas y abrazas tu propia fuerza, estás reconociendo el poder que llevas dentro de ti. Eres responsable de tu vida y debes confiar en ti misma para superar cualquier reto que se cruce en tu camino. Es como decir: «Estoy lista para lo que venga y sé que puedo manejarlo».

Confía en tu capacidad para dirigirte hacia donde deseas ir, sabiendo que tienes el poder dentro de ti para hacerlo realidad. Esta aceptación te empodera y te impulsa a tomar las riendas de tu destino, consciente de que puedes llevarte a donde quieres estar.

Repite esta afirmación regularmente para reforzar tu conexión con tu propia fuerza interior.

«Soy una fuerza imparable»

Especialmente esta afirmación es una manera poderosa de manifestar tu fuerza interior y tu capacidad para triunfar en cualquier situación. Reconoce que tienes el poder interno necesario para superar los retos que se presentan en tu camino hacia el éxito.

No importa cuán grande sea el desafío que enfrentes, tienes dentro de ti la fuerza necesaria para superarlo. Confía en ti misma y en tu capacidad para perseverar en medio de cualquier adversidad.

Acepta y abraza esta fuerza interior que te impulsa hacia adelante, reconociendo todo tu potencial y tu capacidad para hacer una diferencia en el mundo. Eres una fuerza imparable, una fuerza que inspira y motiva a los demás a alcanzar sus propias metas y a vivir con pasión. ¡Sigue adelante, porque eres capaz de lograr todo lo que te propongas! ¡Todo!

«Yo puedo»

Decir «Yo puedo» es mucho más que simplemente pronunciar dos palabras. Es una declaración poderosa que refleja una profunda confianza en ti misma y en tus habilidades. Esta afirmación implica un compromiso contigo misma, un reconocimiento de tu valía y un recordatorio de que eres capaz de enfrentar cualquier reto.

Cuando dices «Yo puedo», estás reconociendo tu fuerza interior y tu capacidad para superar desafíos. Esta afirmación te empodera, te motiva y te impulsa a tomar acción hacia tus sueños y aspiraciones.

«Yo puedo» es un recordatorio de que tienes el control sobre tu vida y tu destino. Es una invitación a creer en ti misma y en tus capacidades, y a confiar en que tienes todo lo necesario para alcanzar el éxito. Así que, la próxima vez que te enfrentes a un desafío, recuerda decirte a ti misma: «Yo puedo», porque realmente puedes.

ESPERANZA EN EL FUTURO

Sentir esperanza te permite mantener una actitud positiva incluso en momentos retadores. Te ayuda a tener confianza en que lo que deseas se realizará. A su vez, te anima a explorar nuevas posibilidades, soluciones y perspectivas, fomentando tu creatividad.

Guía de afirmaciones de esperanza en el futuro

Busca un lugar donde puedas acostarte con la espalda recta y las manos detrás de la nuca. Mira hacia arriba. Inhala profundamente y al exhalar, suspiiiiiiiiiiiira. Es momento de decir la afirmación sintiendo la confianza de verlo realizado en tu imaginación. Vuelve a inhalar profundamente, exhala y siéntelo en tu corazón

«Mi vida está llena de posibilidades infinitas»

Esta afirmación enfatiza la abundancia de oportunidades que existen en la vida cotidiana. Los momentos más simples, como el amanecer, la mirada de un ser querido o disfrutar de una taza de café, son oportunidades para apreciar la belleza y el regalo de la existencia.

Cada día es una oportunidad para descubrir nuevas experiencias, aprender lecciones valiosas y crecer como persona. Mantener esta mentalidad abierta te anima a aprovechar al máximo cada momento y a estar receptiva a las oportunidades que se presenten en el camino.

Al practicar esta afirmación constantemente, puedes abrirte a caminos inesperados y descubrimientos sorprendentes en tu vida.

«Mi vida está llena de hermosas aventuras»

Cada experiencia en la vida es una «Wii» aventura única y valiosa. Cada viaje, ya sea físico o emocional, ofrece la oportunidad de experimentar emociones, crecimiento personal y descubrimientos significativos.

Cuando dices «Mi vida está llena de hermosas aventuras», estás reconociendo la emoción y el valor de cada experiencia que encuentras en tu camino. Cada día es una oportunidad para sumergirte en nuevas emociones, aprender lecciones importantes y descubrir aspectos de ti misma que quizás no conocías.

Esta afirmación te invita a abrazar la vida con entusiasmo y curiosidad, sabiendo que cada paso que das te lleva a nuevas y emocionantes aventuras llenas de crecimiento y descubrimiento. Hoy eres parte de estas hermosas aventuras.

«Hoy creo el futuro que deseo»

Hoy tienes ante ti la posibilidad de dar forma al futuro que deseas para ti misma. Cada elección que haces y cada paso que das hoy jugarán un papel importante en la dirección que tomará tu vida. Tienes la capacidad y el poder para decidir qué quieres lograr y qué camino deseas seguir.

Confía en tus habilidades y en tu capacidad para tomar decisiones que te acerquen a tus metas. Reconoce que cada pequeño avance que hagas hoy te llevará un paso más cerca de donde quieres estar en el futuro. Recuerda que tienes el control sobre tu destino y que hoy es el momento perfecto para comenzar a construir ese futuro que deseas.

Te invitamos a repetir esta afirmación y a comenzar a escribir la historia de tu futuro con confianza y determinación. ¡Tú tienes el poder de convertir tus sueños en realidad!

«Construyo mi futuro hoy»

«Construyo mi futuro hoy» se convierte en tu lema. Reconoces que cada decisión y acción presente es una inversión en un mañana más prometedor. Para ti, cada día es una oportunidad para sembrar las semillas del progreso y la realización personal.

En el centro de esta afirmación, está la idea de que tienes el poder de ser la protagonista de tu propia vida. En lugar de esperar pasivamente a que el futuro llegue; puedes elegir ser una fuerza activa en tu propio destino. Confías en que cada paso que das, cada meta que persigues, contribuye a la construcción de un futuro más brillante.

Al construir tu futuro hoy, transformas tu vida y también inspiras a otras a seguir tu ejemplo.

«Mis metas y sueños se hacen realidad»

Cuando repites «Mis metas y sueños se hacen realidad», estás dando vida a tus aspiraciones más profundas. Visualiza cada una de esas metas y sueños con claridad y convicción. Siente cómo se manifiestan ante ti. Cada palabra de esta afirmación es como un puente entre tu presente y ese futuro deseado.

Con cada repetición de esta afirmación, fortaleces tu compromiso con tus metas y alimentas la esperanza en tu corazón. Esta afirmación no solo es una declaración de tus deseos, sino también un recordatorio de tu capacidad para hacer que esos deseos se conviertan en realidad.

Cada vez que la pronuncias, afirmas tu poder creativo y te abres a recibir las infinitas posibilidades que el universo tiene reservadas para ti.

«Confío en que el universo me brinda amor, alegría y abundancia»

Al mantenerte en sintonía con esta afirmación, atraerás hacia ti experiencias y oportunidades que enriquecerán tu existencia de formas maravillosas. Confía en que todo está conspirando a tu favor y siéntete segura y protegida en el abrazo amoroso del universo.

Esta afirmación te invita a soltar cualquier preocupación o ansiedad y a entregarte por completo al flujo de la vida. Al confiar en que el universo está trabajando a tu favor, te liberas de la necesidad de controlar cada detalle y te abres a recibir todo lo bueno que la vida tiene para ofrecerte. Esta confianza te permite vivir con serenidad y gratitud, disfrutando plenamente del presente y con la certeza de un futuro brillante.

Repetir esta afirmación regularmente fortalece tu conexión con el universo, y te ayuda a mantener una actitud positiva y receptiva ante la vida. Te recuerda que mereces amor, alegría y abundancia, y te empodera para manifestar esas bendiciones en tu realidad. Con cada repetición, cultivas una mentalidad de abundancia y crecimiento, allanando el camino para una vida plena y satisfactoria.

«Cada paso que doy me acerca másа mis sueños y metas»

Con esta afirmación, te permites ver cómo te acercas un poco más a la realización de tus sueños y metas. En tu corazón, confías plenamente en el proceso y en tu capacidad para alcanzarlos. Esta profunda convicción te llena de esperanza y determinación.

Cada paso que das te conecta más con esa fuerza interior que te impulsa hacia adelante. En cada logro, encuentras una renovada alegría y gratitud por el viaje que estás emprendiendo. Cada desafío superado te fortalece y te prepara para abrazar el éxito con los brazos abiertos. Aprecias cada momento del proceso, sabiendo que cada experiencia te enseña y te acerca un paso más a la vida que deseas.

Repite esta afirmación todos los días y recuerda que cada día es una oportunidad para crecer, aprender y avanzar hacia tus metas con pasión y convicción.

«Mi futuro es brillante»

Tu futuro es prometedor y lleno de posibilidades emocionantes. Recuerda que en este viaje hacia tus metas y sueños es importante saborear el futuro-presente. Mientras te embarcas en la búsqueda de tus aspiraciones, asegúrate de disfrutar del camino y apreciar las bendiciones que te rodean en cada momento. Estas bendiciones fueron creadas por ti en el pasado. Mientras te sumerges plenamente en el presente, sabes que cada paso que das te acerca más a la realización de tus sueños y a un futuro brillante.

El futuro se presenta como una oportunidad para construir sobre cimientos sólidos y alcanzar metas ambiciosas. Cada día, tus acciones y decisiones labran el camino hacia ese mañana brillante que visualizas. Cada paso que das y cada reto que superas te acercan más a la materialización de tus sueños.

Confía en tu capacidad para enfrentar los desafíos que se presenten en tu camino hacia el éxito. Mantén la mirada fija en el horizonte, pero no olvides la importancia del presente. Cada momento es una oportunidad para avanzar hacia tus objetivos con determinación y enfoque. Mantén la disciplina y el compromiso, recordando que el esfuerzo constante es la clave para alcanzar grandes logros.

En este viaje hacia el futuro, no pierdas de vista tu visión y tus valores fundamentales. Mantén tu integridad y tu ética mientras te abres paso hacia la grandeza.

Epílogo

Queridas lectoras:

A lo largo de este viaje juntas, estas afirmaciones han sido mucho más que simples palabras. Han sido un recordatorio constante de nuestra valía y de la importancia de aceptarnos tal como somos. Al repetirlas, hemos visto cómo nuestra confianza ha crecido, y cómo, paso a paso, hemos reafirmado nuestra verdad más profunda: que somos valiosas y merecedoras de todo lo bueno que la vida tiene para ofrecer.

Al adentrarnos en las afirmaciones sobre el merecimiento, hemos aprendido a reclamar lo que es nuestro por derecho: una vida plena y satisfactoria. Hemos internalizado la certeza de que merecemos lo mejor en cada rincón de nuestras vidas, y con esa convicción, hemos tomado decisiones que nos alinean con esa verdad.

Este libro ha sido el fruto de un viaje compartido hacia nuestra esencia femenina. A través de estas afirmaciones, hemos conectado más profundamente con nuestra feminidad, permitiéndonos abrazar nuestra energía femenina en toda su belleza y fuerza, celebrando lo que significa ser mujeres.

Al sintonizarnos con nuestra intuición, hemos descubierto un tesoro invaluable dentro de nosotras mismas. Estas afirmaciones nos han guiado a confiar en esa voz interior, esa sabiduría que siempre ha estado allí, y que nos ha llevado a tomar decisiones con una claridad y un propósito renovados. «Wii»

Aunque la energía femenina ha sido nuestra guía, también hemos honrado la determinación y la acción que residen en nuestra energía masculina. Hemos encontrado un equilibrio, permitiendo que todos los aspectos de nuestra identidad se expresen y florezcan.

Trabajar con estas afirmaciones ha sido un proceso de profunda catarsis emocional. «Wii» Nos hemos permitido sentir, procesar y liberar lo que ya no nos servía, encontrando un alivio y una renovación que nos ha permitido avanzar con una ligereza y claridad nuevas.

Este libro, que comenzó como una simple idea, se ha manifestado en la realidad gracias al poder de nuestras creencias y afirmaciones. Nos ha empoderado para creer en nosotras mismas y en nuestra capacidad de crear la vida que deseamos. Enfrentamos desafíos, superamos retos y descubrimos una fuerza interna que tal vez no sabíamos que merecíamos, o tal vez no creíamos que teníamos.

Finalmente, este viaje nos ha inspirado a mirar hacia el futuro con esperanza y determinación. Hemos aprendido que tenemos el poder de transformar nuestras vidas y manifestar nuestros sueños más profundos. Este libro no es solo una colección de palabras; es un testimonio de nuestro crecimiento, nuestro poder, y la infinita posibilidad que reside dentro de cada una de nosotras. «Wii»

Si este libro ha resonado contigo y deseas llevar estas enseñanzas a un nivel aún más profundo, te invitamos a registrarte en nuestro taller práctico. Será un espacio íntimo y acogedor donde, juntas, exploraremos más a fondo estas «Wii» afirmaciones, compartiremos nuestras experiencias y continuaremos manifestando la vida que deseamos y merecemos.

Con amor y gratitud,

Mary Chiba y Deborah Becerra

www.ingramcontent.com/pod-product-compliance
Lightning Source LLC
LaVergne TN
LVHW091118150826
845673LV00002B/884